El asombroso cuerpo humano

EL SISTEMA MUSCULAR

BARBARA LOWELL

BOLT

Bolt es una publicación de Black Rabbit Books
Apartado Box 3263, Mankato, Minnesota, 56002.
www.blackrabbitbooks.com

Jennifer Besel, editora; Grant Gould, diseñador;
Omay Ayres, investigación fotográfica

Información del catálogo de publicaciones de la biblioteca del congreso

ISBN 978-1-68072-959-7

Impreso en China

Créditos de Imagines

Alamy: Henn Photography, 28; Lauren Shavell/Design Pics, 25 (tl); Newscast Online, 7; Science Picture Co, 3; TriFocal Communications / Stocktrek Images, 26-27; Bigstock: Randall Reed, 9; Dreamstime: Linda Bucklin, Cubierta (esqueleto); Science Source: Stocktrek Images, 16; Shutterstock: adike, 1; Alex Mit, 20 (l); Artem Furman, 10; Chutima Chaochaiya, 25 (bl); Ekaterina Markelova, 22; Gehrke, 21; Lightspring, 20 (r), 25 (tr); NoPainNoGain, 11 (ambos), 31; Ollyy, 23; Pincarel, Cubierto (peso); S K Chavan, 6 (l); Sofia Santos, 32; Sport08, 12; StockphotoVideo, 5; UGREEN 3S, 6 (r), 15, 19; Vector for u, Cubierta (fondo)
Se ha hecho todo esfuerzo posible para establecer contacto con los titulares de los derechos de autor del material reproducido en este libro. Cualquier omisión será rectificada en impresiones posteriores previo

CONTENIDO

CAPÍTULO 1

Poderosos

Un corredor acelera en la pista. Su corazón late. Sus piernas empujan. El sistema muscular del corredor está a toda marcha.

Los músculos del cuerpo conforman el sistema muscular. Sin músculos, las personas no podrían correr, respirar o incluso defecar.

CANADA
Canon
CAN

Tipos de Músculos

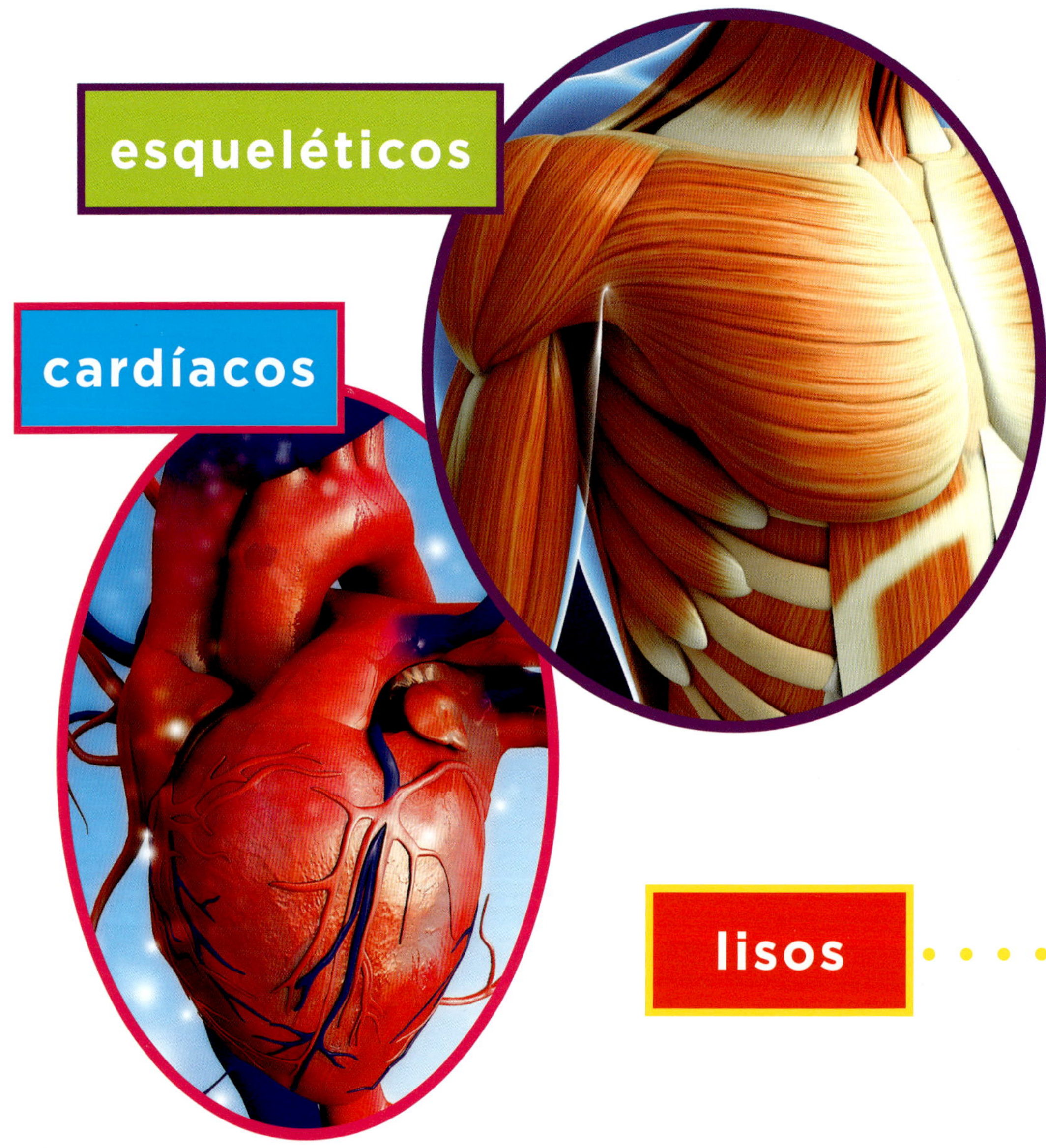

Tres clases de músculos

Todos los músculos funcionan de la misma manera. Se **contraen** y se relajan. Esta acción hace latir al corazón. Hace mover las piernas y los brazos. Hace **digerir** los alimentos.

Existen tres tipos de músculos trabajando en el cuerpo. Los músculos esqueléticos hacen que los huesos se muevan. Los músculos lisos están principalmente en los **órganos**. Los músculos cardíacos forman el corazón.

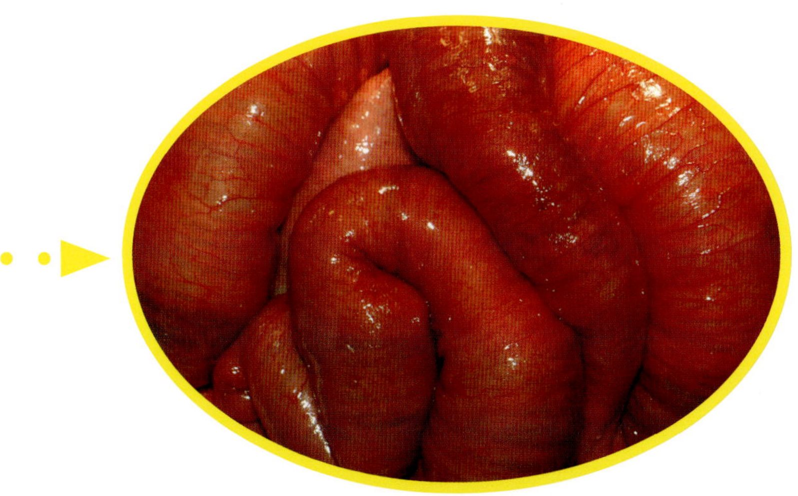

CAPÍTULO 2

Esqueléticos músculos

Las personas controlan sus músculos esqueléticos. Por eso se les llama **músculos** voluntarios. Los músculos esqueléticos se conectan a los huesos del cuerpo. Para mover los huesos, los músculos trabajan en pares. Un músculo se contrae y se acorta. El otro músculo se relaja y se alarga.

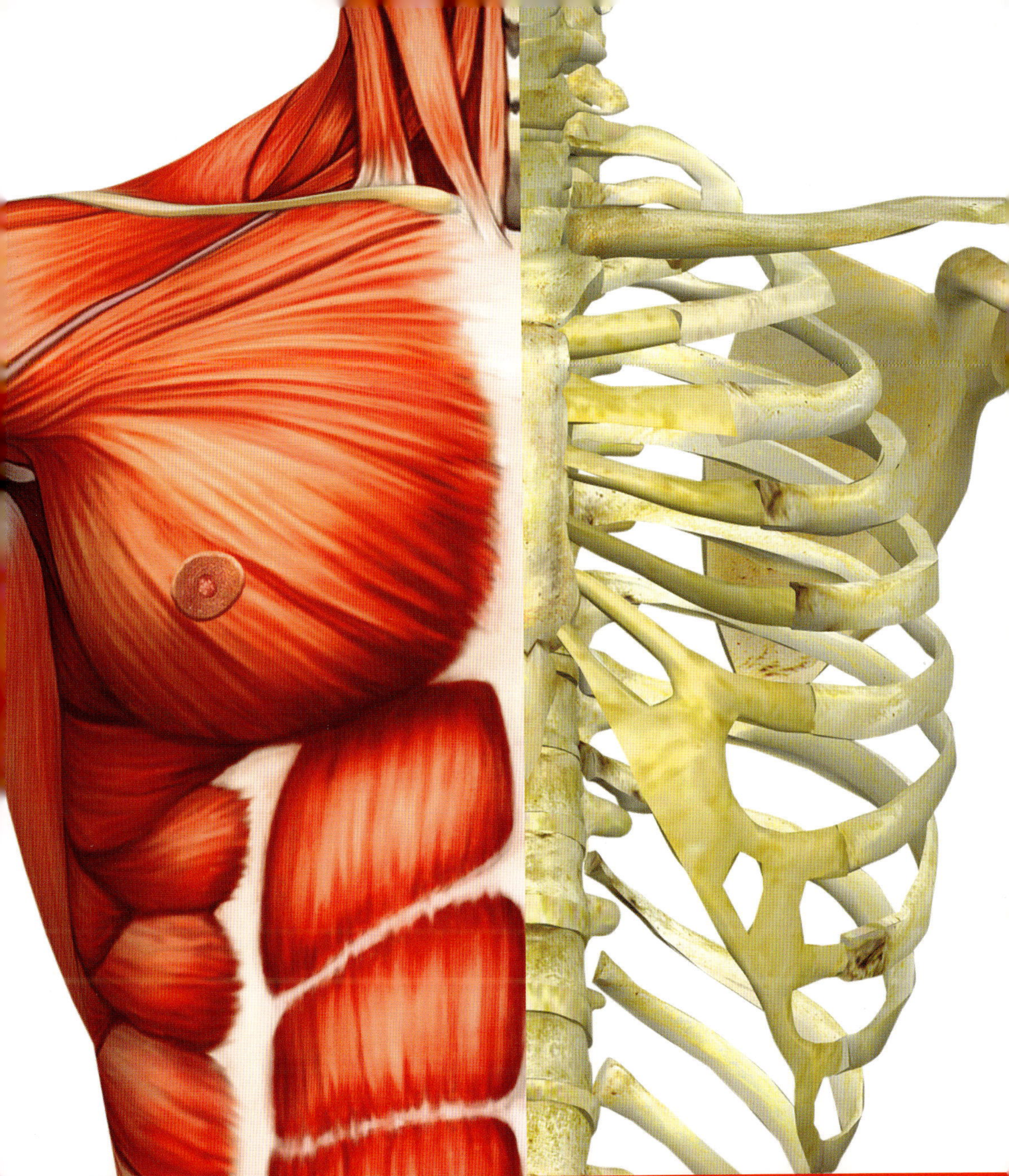

Hasta la mitad del peso de una persona corresponde a los músculos esqueléticos.

MÚSCULOS QUE TRABAJAN JUNTOS

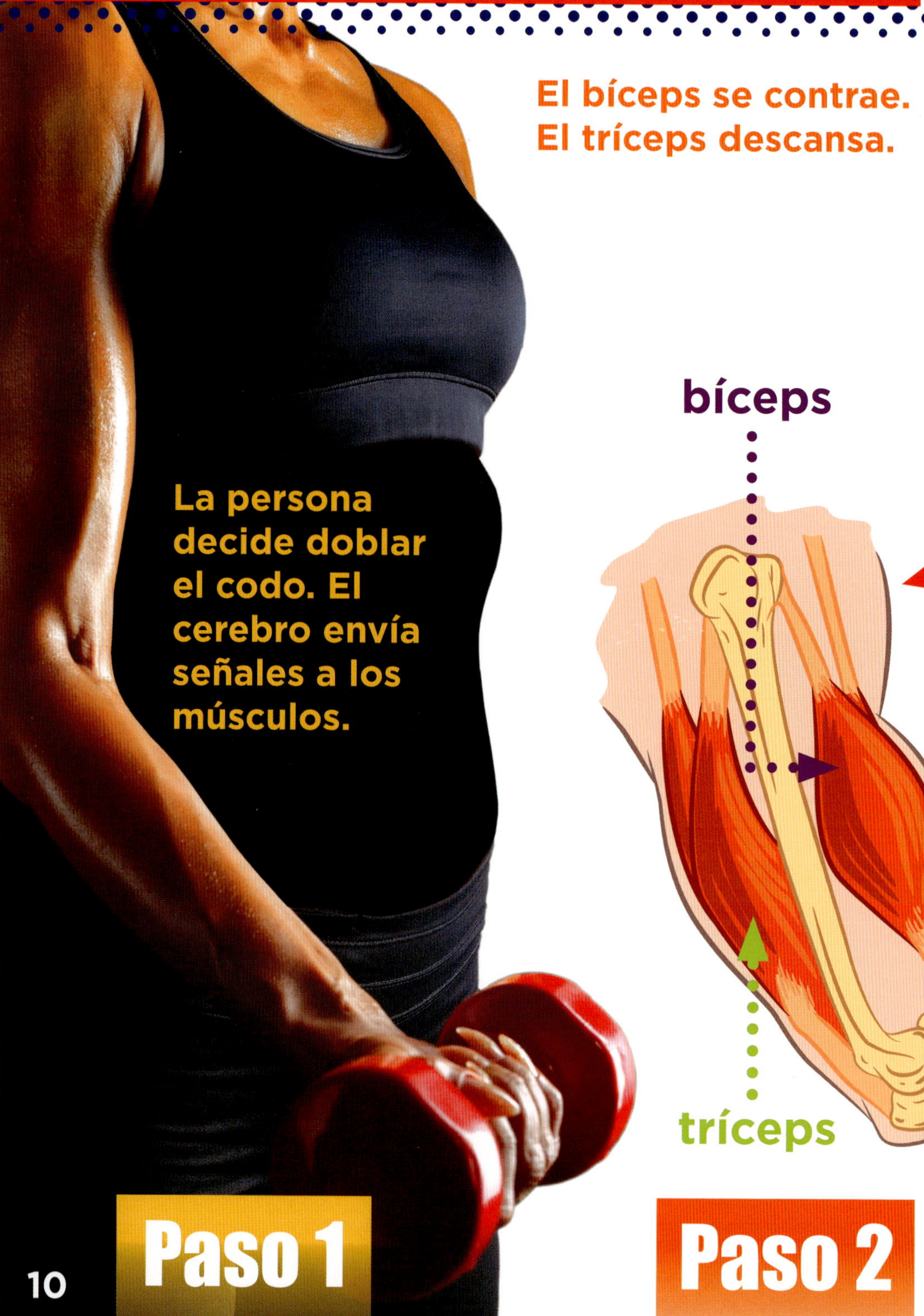

El bíceps se contrae.
El tríceps descansa.

La persona decide doblar el codo. El cerebro envía señales a los músculos.

Paso 1

Paso 2

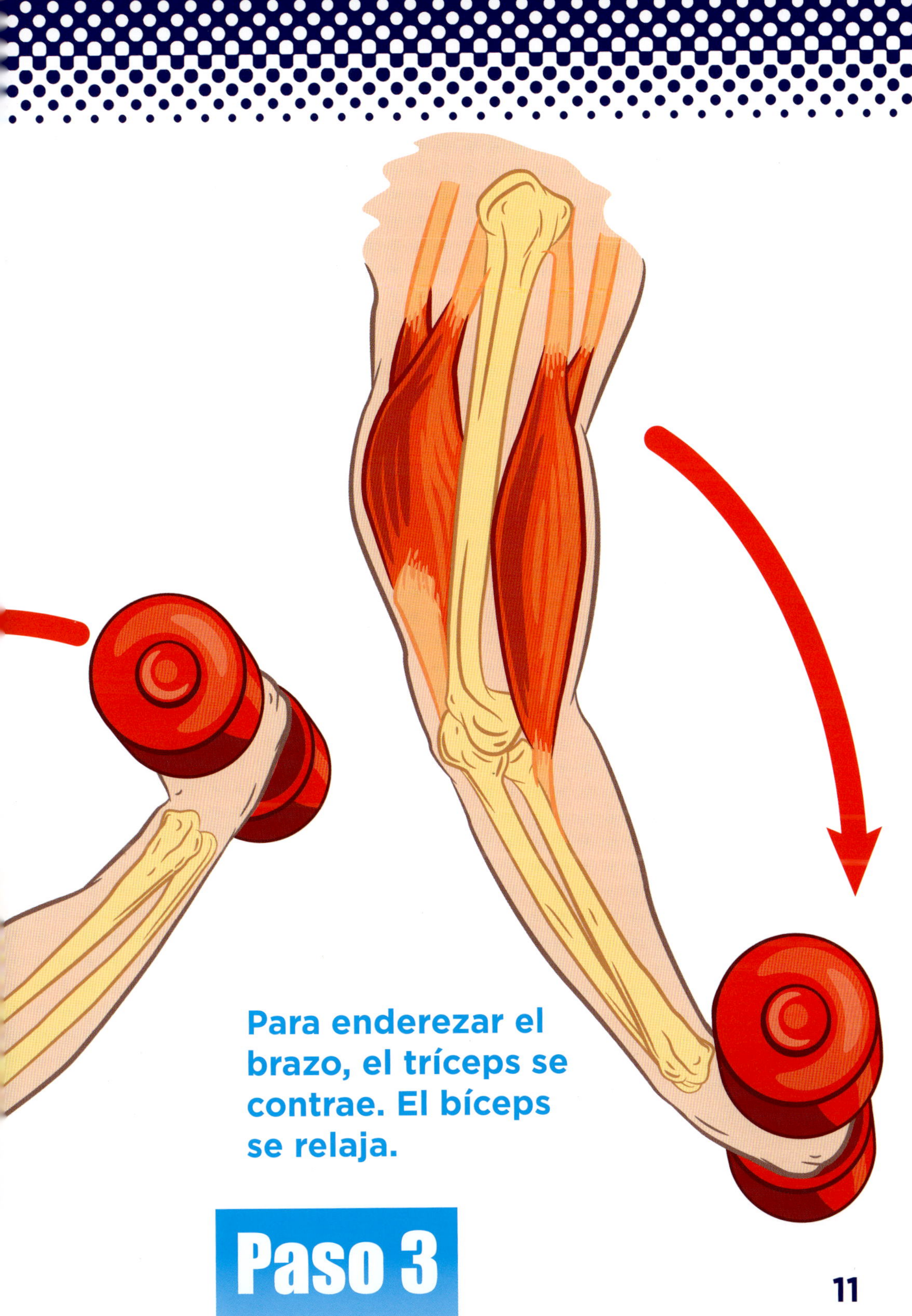

Para enderezar el brazo, el tríceps se contrae. El bíceps se relaja.

Paso 3

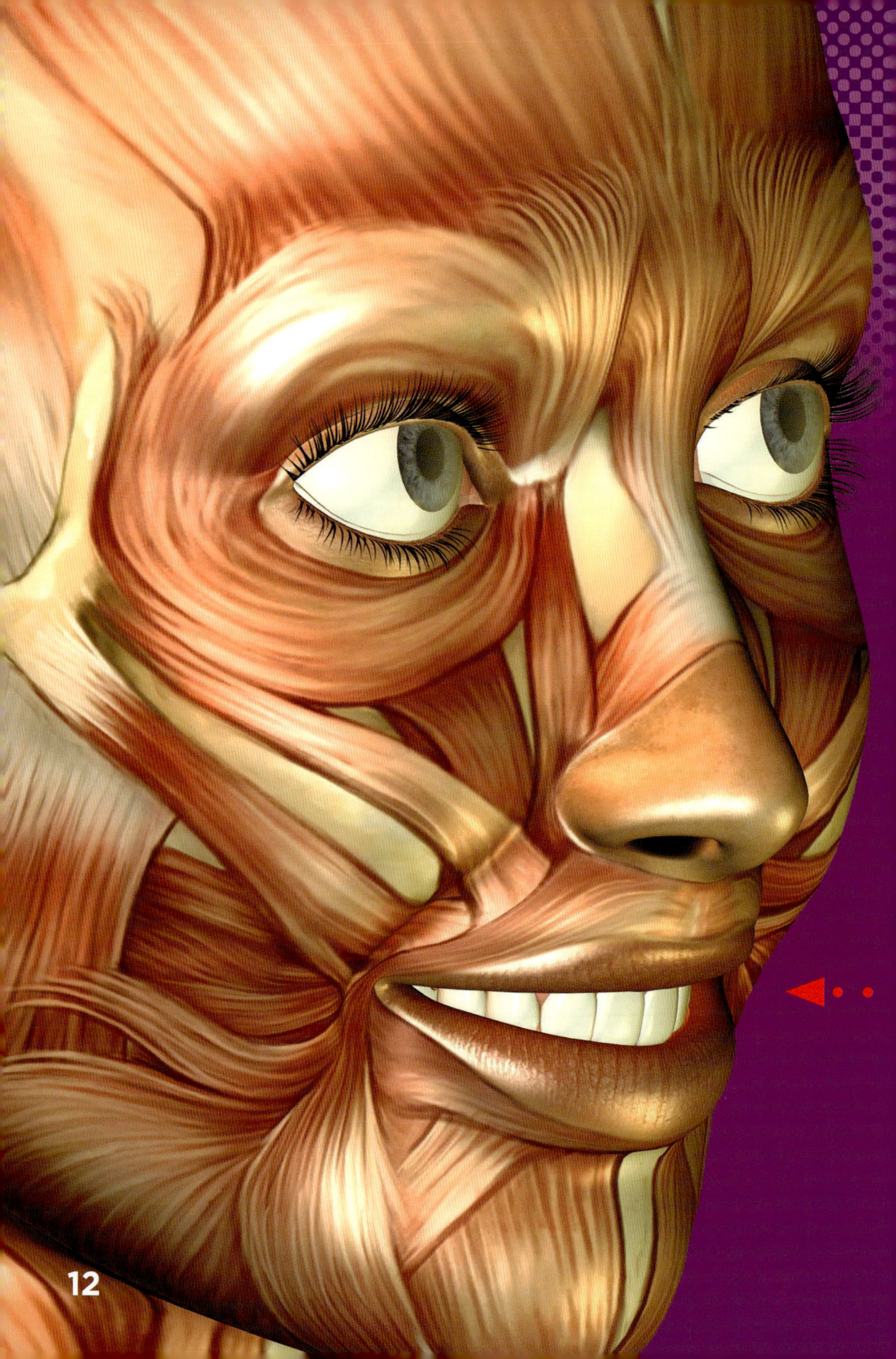

Músculos faciales

Se necesitan muchos músculos faciales para mostrar las emociones. Los músculos faciales tiran de la piel para dibujar una sonrisa. Los músculos también hacen abrir y cerrar los ojos. También hacen abrir y cerrar la boca.

La cara tiene 43 músculos.

CAPÍTULO 3

Músculos involuntarios

Los músculos cardíacos y los lisos son llamados involuntarios. Las personas no controlan el trabajo de estos músculos. Los músculos involuntarios se encargan de la respiración. Sin ellos, tampoco podríamos digerir los alimentos.

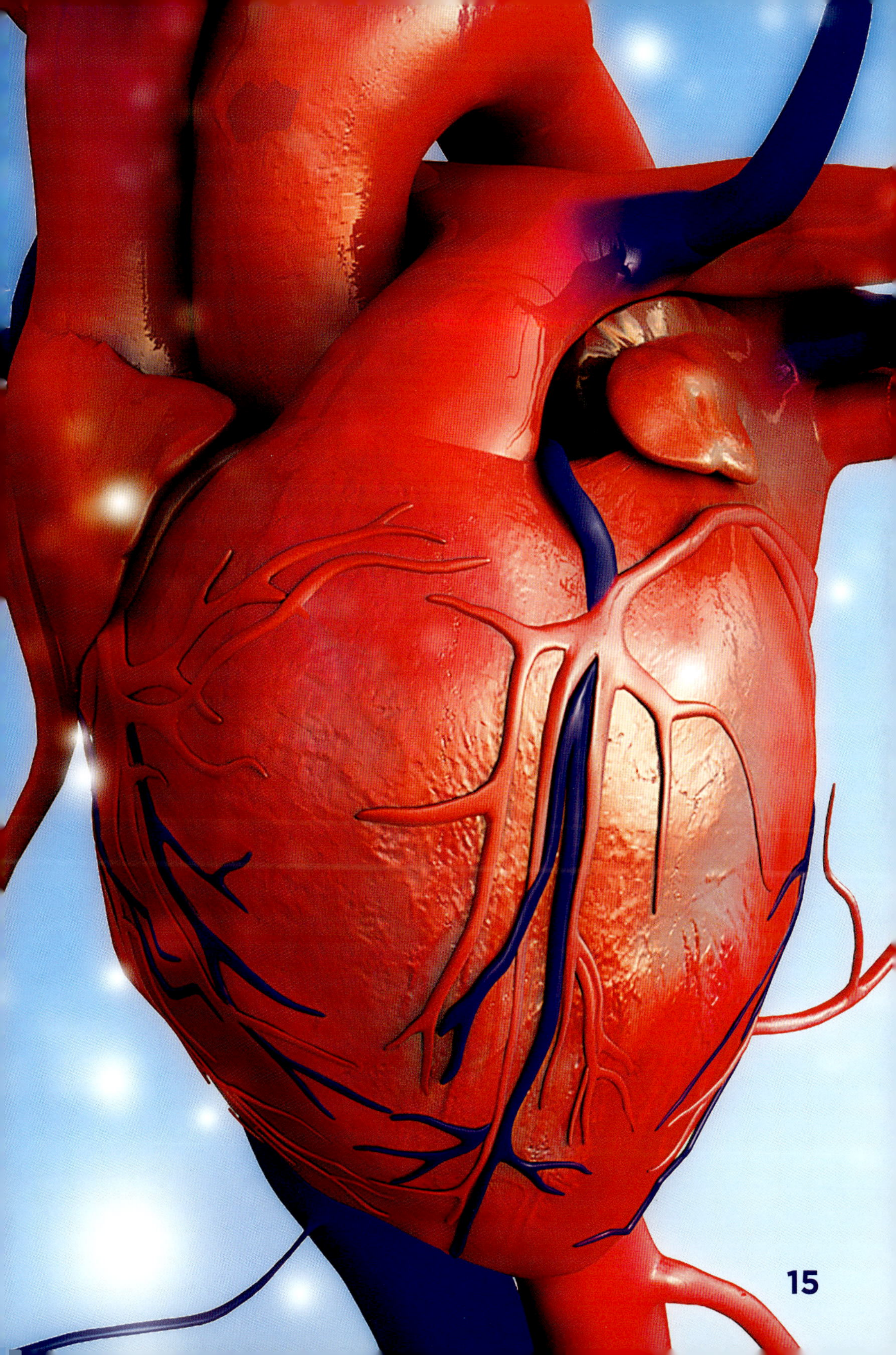

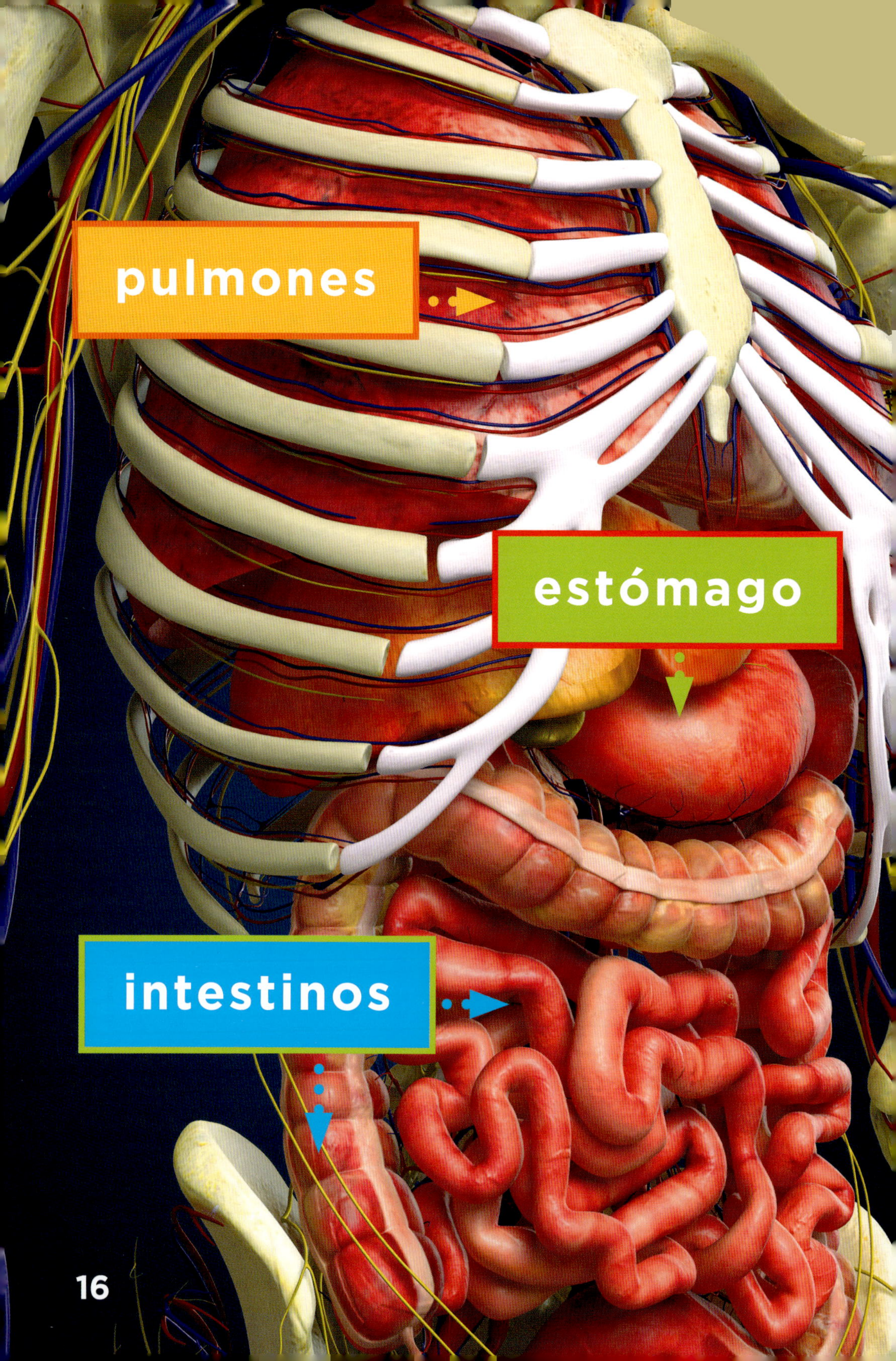
pulmones
estómago
intestinos

Músculos lisos

Los músculos lisos están principalmente en los órganos. Los músculos del estómago mezclan la comida y la convierten en sopa. Otros músculos lisos empujan los desechos de alimentos a través de los intestinos. Esos desechos salen como excremento.

Los músculos lisos también empujan la sangre a través del cuerpo. También fuerzan el aire dentro y fuera de los pulmones.

Músculos cardíacos

El corazón es poderoso. Late cada segundo de cada día. Ese latido ocurre debido a los músculos cardíacos. Los músculos del corazón se contraen para expulsar la sangre. Y se relajan para dejar entrar la sangre.

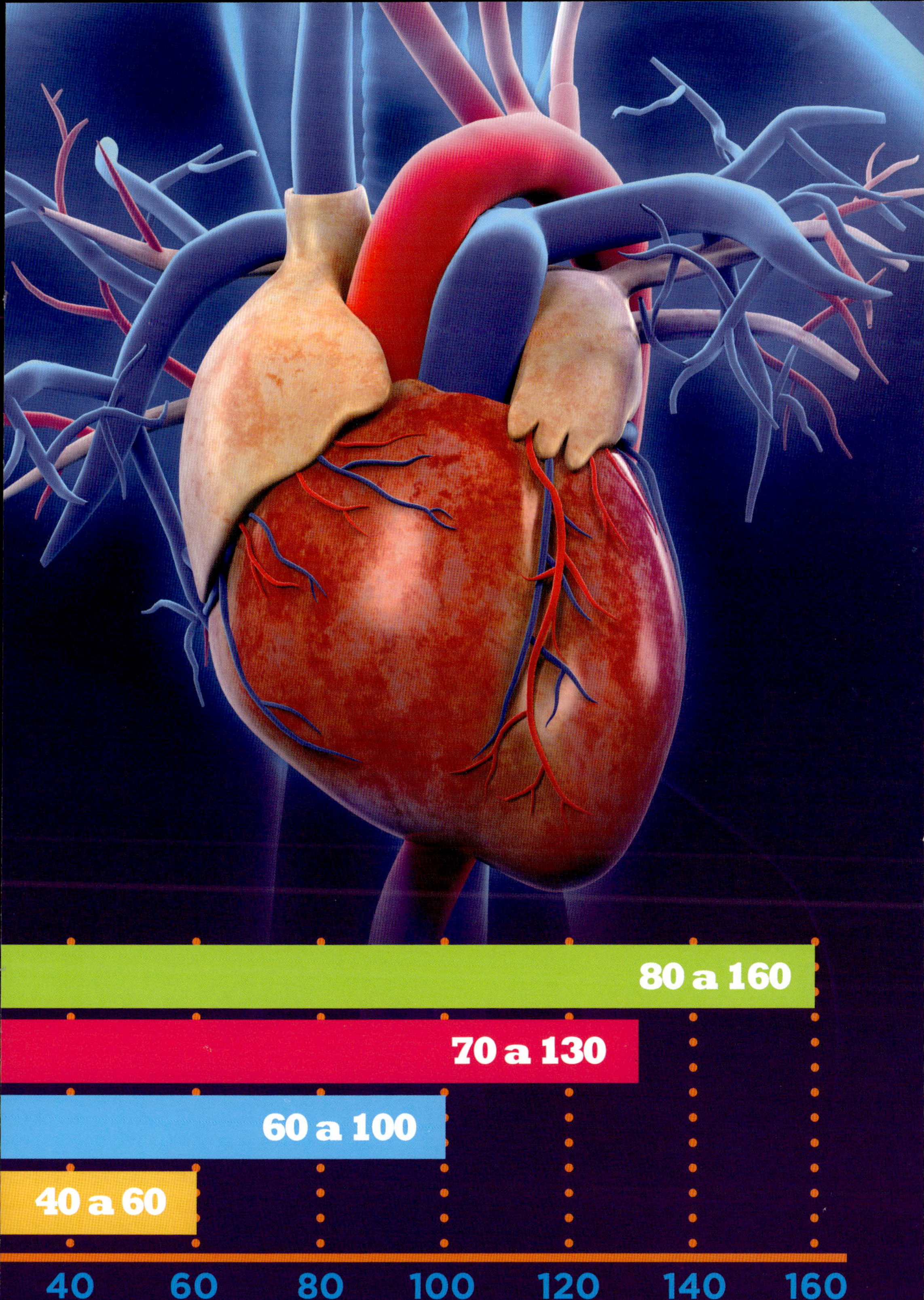
80 a 160
70 a 130
60 a 100
40 a 60
40
60
80
100
120
140
160

POR LOS NÚMEROS

6

músculos que permiten que el ojo se mueva

LOS MÚSCULOS OCULARES SE MUEVEN MÁS DE

100,000 VECES CADA DÍA

CANTIDAD DE SANGRE QUE BOMBEA EL CORAZÓN CADA DÍA

2,000 GALONES

(7,571 LITROS)

más de
600
músculos del
cuerpo
CANTIDAD
DE CALOR
CORPORAL DE
UNA PERSONA
CREADA POR
LOS MÚSCULOS
aproximadamente
85%

CAPÍTULO 4

Sanos y lesionados MÚSCULOS

Los músculos sanos son importantes para una vida sana. Comer alimentos **nutritivos** ayuda a mantener los músculos en buena forma. El ejercicio también ayuda. Con el ejercicio, los músculos se hacen más grandes y más fuertes.

Músculos lesionados

Los músculos esqueléticos se pueden lesionar fácilmente. Cada músculo está hecho de muchas **fibras**. Algunas veces estas fibras se separan. Este problema se llama esguince.

La buena noticia es que el cuerpo corrige los músculos lesionados. Forma un **tejido cicatrizal** fuerte para curarlos.

RICE un músculo lesionado

Usa la palabra "rice" para recordar cómo tratar un músculo lesionado.

1
R – reposo

2
I – hielo

3
C – compresión

4
E – elevación

MÚSCULOS SANOS, LESIONADOS Y CURADOS

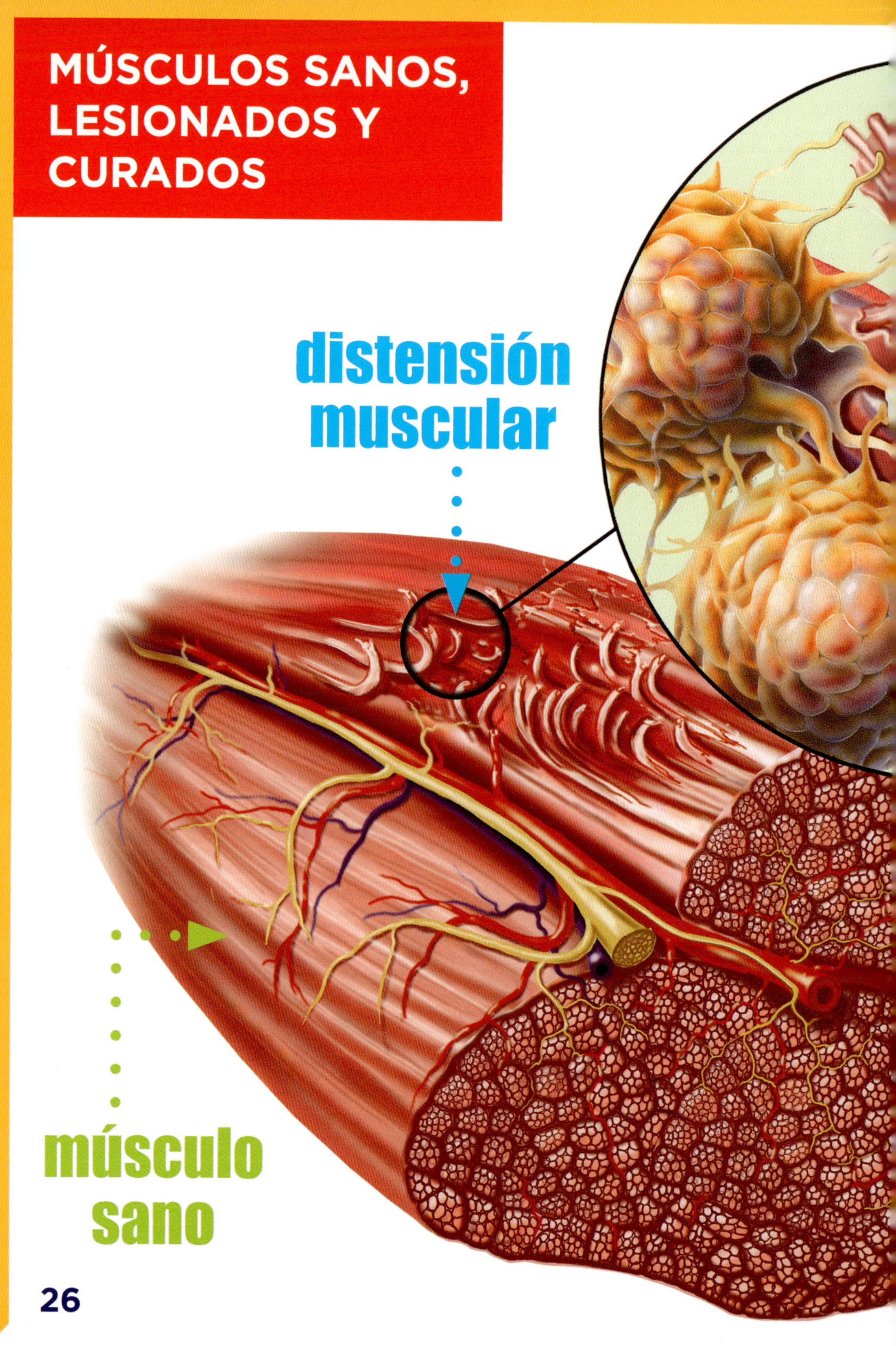

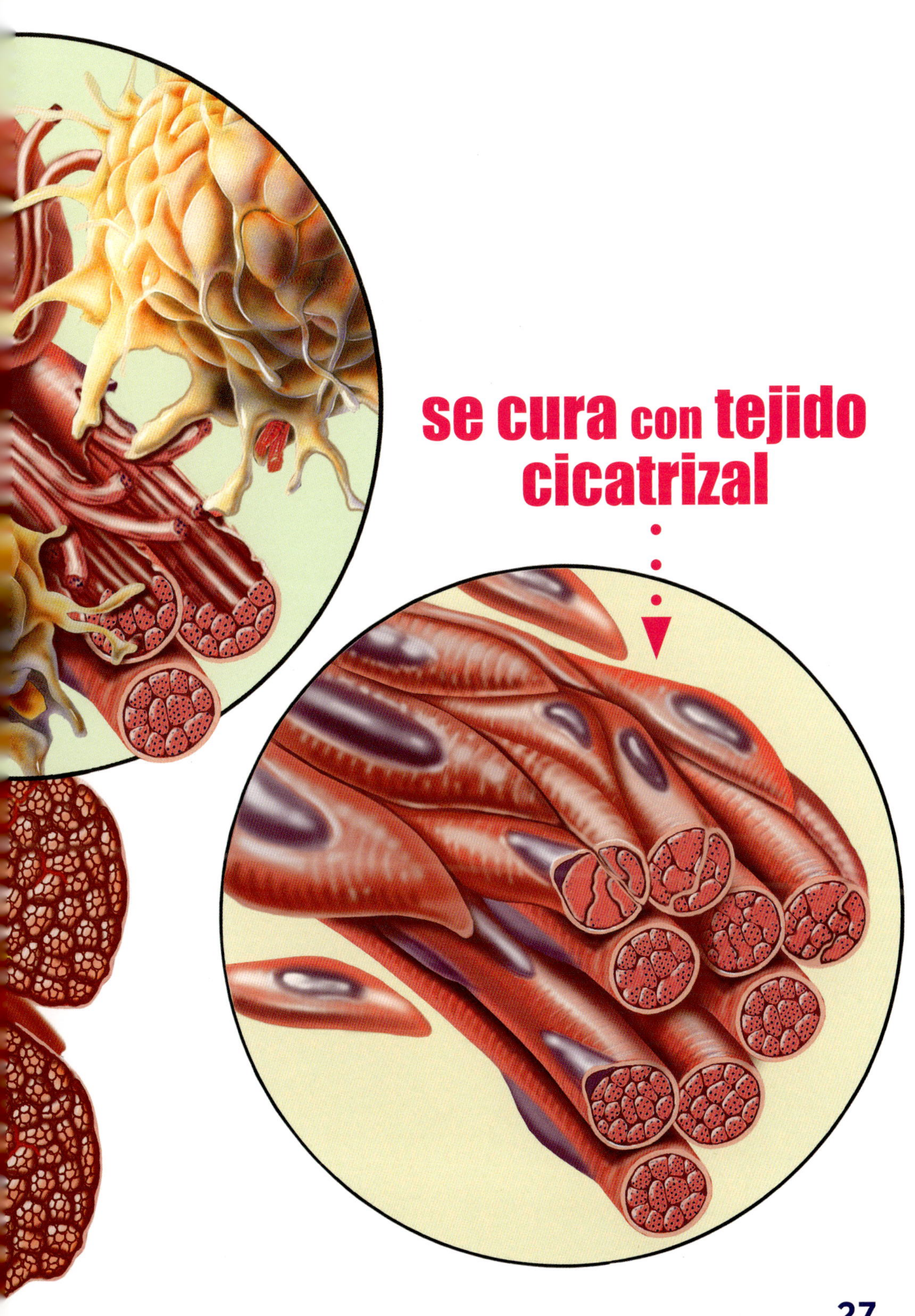

se cura con tejido cicatrizal

Músculos poderosos

Casi todo lo que hace el cuerpo incluye los músculos. Mueven el cuerpo y bombean la sangre. Mueven la comida y empujan los excrementos por la parte trasera. El sistema muscular es asombroso.

Una fibra muscular puede ser más delgada que un cabello humano.

GLOSARIO

contraer – reducir a un tamaño menor apretando o aplicando fuerza

digerir — cambiar los alimentos ingeridos a una forma que pueda ser utilizada por el cuerpo

fibra – un hilo o una estructura como un hilo

nutritivo – que tiene las sustancias que una persona o animal necesita para estar sano

órgano – una estructura corporal que consiste en células y tejidos que realizan una función específica

tejido cicatrizal – tejido conectivo que forma una cicatriz

voluntario – hecho por propia elección

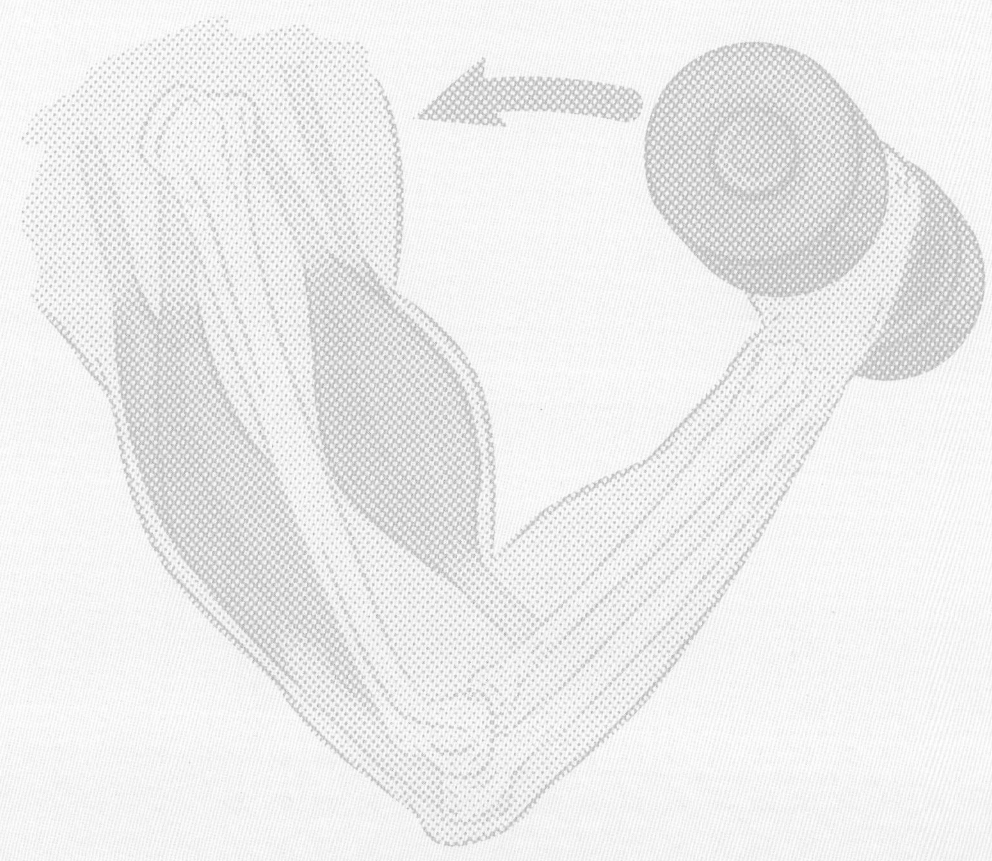

ÍNDICE

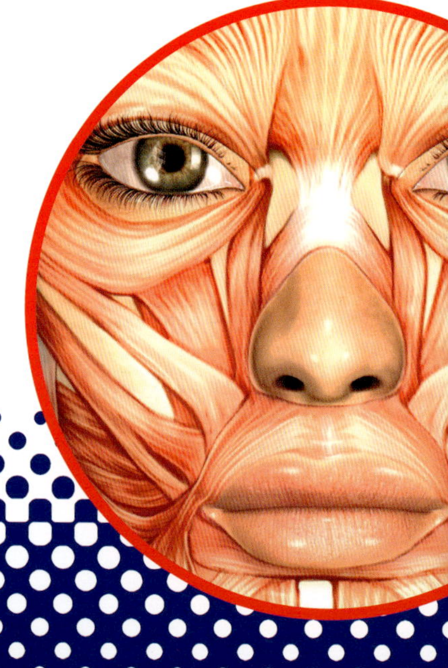